Dirección editorial: Elsa Aguiar
Coordinación editorial: Xohana Bastida y Gabriel Brandariz
Texto e ilustraciones: Émile Bravo
Traducción: Georgina Rôo

Título original: "Boucle d'Or et les sept ours nains"
Publicado por primera vez en Francia por Seuil Jeunesse

© Éditions du Seuil, 2004
© Ediciones SM, 2009
   Impresores, 2
   Urbanización Prado del Espino
   28660 Boadilla del Monte (Madrid)
   www.grupo-sm.com

ATENCIÓN AL CLIENTE
Tel.: 902 12 13 23
Fax: 902 24 12 22
e-mail: clientes@grupo-sm.com

ISBN: 978-84-675-3532-7
Depósito legal: M-15.580-2009
Impreso en España / Printed in Spain
Imprime: Impresión Digital Da Vinci

LOS SIETE
OSOS ENANOS

HABÍA UNA VEZ SIETE OSOS ENANOS QUE TRABAJABAN DURAMENTE EN LAS MINAS DE SAL. VOLVÍAN A SU CASA TAN MOLIDOS QUE SOLO PENSABAN EN DOS COSAS.

EL CASTILLO DEL PRÍNCIPE SE ENCONTRABA A UNAS CUANTAS LEGUAS...

QUEREMOS VER AL PRÍNCIPE MATADOR DE GIGANTES.

VALE.

EN REALIDAD, EL PRÍNCIPE ERA UN SASTRECILLO QUE HABÍA GANADO SU CASTILLO AL LIBERAR A LA REGIÓN DE UN GIGANTE. COMO YA NO TRABAJABA, SE ABURRÍA...

¡UF!

ASÍ PUES, CUANDO LOS OSOS LE CONTARON SU PROBLEMA, NO DUDÓ NI UN SEGUNDO.

¿CÓMO DECÍS? ¿UNA GIGANTA? ¡MANOS A LA OBRA!

EL PRÍNCIPE SE PUSO UNA COTA DE MALLA Y EL CINTURÓN QUE LE HABÍA HECHO FAMOSO...

ERA UN CINTURÓN CON UNA HEBILLA DE ORO EN LA QUE PONÍA: «SIETE DE UN GOLPE».

¡JUA, JUA! ¿Y SABÉIS POR QUÉ?

SIETE DE UN GOLPE

NO, SEÑOR...

ENTONCES LES CONTÓ QUE HABÍA MATADO A SIETE GIGANTES DE UN GOLPE... PERO LOS OSOS ENANOS, QUE ERAN DE NATURALEZA DESCONFIADA, NO LE CREYERON.

¡EH, ESPERADME!

RÁPIDAMENTE LLEGARON A SU CASA...

¿?

ES AHÍ.

PUES SÍ QUE ES PEQUEÑA VUESTRA CASA...

¡LÍMPIESE LOS PIES!

ES POR AQUÍ.